Freiburger Münster Impressionen

Fotografien von
Karl-Heinz Raach

Text: Heike Mittmann

FOTO·EDITION·RAACH

Das Freiburger Münster

Seit seiner Fertigstellung vor bald 500 Jahren zieht das Freiburger Münster Gläubige und Kunstfreunde gleichermaßen an. Schon von weitem ist die einzigartig durchbrochene, um 1330 vollendete Turmspitze sichtbar. Sie stellt eine künstlerische, vor allem aber technische Meisterleistung des Mittelalters dar und wurde Vorbild für viele spätere Kirchentürme, wie der Münster in Basel und Ulm oder des Regensburger Doms.

Der Bau selbst entstand trotz seiner harmonischen Erscheinung nicht etwa in einem Guss und nach einem Plan. Die Arbeiten erstreckten sich über mehrere Jahrhunderte. Immer wieder hat man die Kirche umgeplant, verändert, vergrößert und den jeweiligen Stilrichtungen und dem Zeitgeschmack angepasst.

Um 1200 wurde sie in Anlehnung an das Basler Münster im spätromanischen Stil begonnen, ab circa 1240 nach dem Vorbild des Straßburger Münsters aber in gotischen Formen weitergeführt. Den letzten großen Bauteil bildet der spätgotische Chor. Er ersetzte einen kleineren, romanischen Chor und wurde 1513 geweiht. Die Südseite bietet den besten Überblick über die verschiedenen Bauphasen: das spätromanische Querhaus mit dem dreieckigen Giebel und seinen zwei nach ihren Wetterfahnen benannten „Hahnentürmen", das gotische Langhaus mit seinen monumentalen spitzbogigen Maßwerkfenstern, dem Stützsystem aus Pfeilern und Bögen und der zahlreichen großfigürlichen Plastik und der steil aufragende 116 Meter hohe Westturm sowie der Chor im Osten mit dem Kranz der 13 spitz herausragenden Kapellen. In der Architektur und Ornamentik zeigt sich hier die späteste Stufe der Gotik.

Mit großem finanziellen Einsatz haben die Freiburger Bürger das Gotteshaus als ihre Hauptpfarrkirche erbaut. 1827 wurde Freiburg Sitz des Erzbischofs und damit stieg das Münster zu einer Bischofskirche auf. Die beeindruckende Architektur, ihre gewaltige Dimension

und die reiche künstlerische Ausstattung waren damals mitbestimmend bei der Wahl des Bischofssitzes.
Berühmt sind vor allem die Glasmalereien aus dem 13. bis 16. Jahrhundert, Stiftungen von Handwerkszünften, wohlhabenden Familien, vom Habsburgischen Kaiserhaus und der Freiburger Universität. Bei Sonnenschein funkeln und schimmern sie und verleihen dem Kirchenschiff eine besondere Atmosphäre. Ihre darauf abgebildeten Geschichten aus der Bibel und von Heiligen führen uns den mittelalterlichen christlichen Glauben eindrucksvoll vor Augen.
Unübersehbar haben sich die Handwerkszünfte mit ihren charakteristischen Emblemen auf den Fenstern verewigt: die Bäcker mit Brezeln und Broten auf ihrem Wappen, die Schuhmacher mit einem Stiefel, die Schmiede mit ihren Werkzeugen, die Schneider mit einer Schere. Auch die Bergleute aus dem Schwarzwald gaben Fenster in Auftrag. Da sie kein eigenes Wappen besaßen, sind sie bei ihrer Arbeit in den Stollen zu sehen. Diese Darstellungen zählen zu den frühesten bildlichen Überlieferungen des Bergbaus in Süddeutschland.
Darüber hinaus birgt das Münster viele bedeutende Altäre. Der Bekannteste ist der zwischen 1512 und 1516 entstandene Hochaltar mit den Gemälden des Straßburger Künstlers Hans Baldung Grien. Er ist Maria, der Patronin des Münsters, geweiht. Das zentrale Bild zeigt ihre Krönung im Himmel durch Gottvater und Jesus, darüber die Taube des Heiligen Geistes. In der Weihnachtszeit werden die Altarflügel vor das Mittelbild geklappt und vier Gemälde mit den Weihnachtsszenen erscheinen: die Verkündigung, die Heimsuchung, die Geburt Christi und die Flucht der Heiligen Familie nach Ägypten. Voller Stolz hat sich der Künstler, der ein Freund und Werkstattkollege von Albrecht Dürer war, auf der Rückseite mit einem Bildnis und einer Inschrift verewigt. In der Fastenzeit wird nach altem Brauch unmittelbar vor dem Hochaltar ein monumentales, 12 Meter hohes und 10 Meter breites Tuch herabgelassen. In

Vom massiven Turmquadrat zum durchbrochenen Oktogon
The transition from the Romanesque square to the ruptured Gothic octagon at the Tower
Vue depuis le carré massif de la tour jusqu'à l'octogone ajouré

Die Wetterfahne auf der Hauptturmspitze
The weather vane on the Main Tower spire
La girouette de la tour principale

der Mitte zeigt es eine riesige Kreuzigungsszene, umgeben von 26 kleinen Feldern mit Bildern aus der Passions- und Ostergeschichte. Es ist das größte bekannte Fastentuch im deutschen Sprachraum und wurde 1612 von drei Freiburger Malern gestaltet. Der Oberried-Altar in der Universitätskapelle besitzt zwei Bilder des berühmten Malers Hans Holbein des Jüngeren von circa 1526/27. Auf ihnen sind die Geburt Christi und seine Anbetung durch die Heiligen Drei Könige zu sehen. In der Locherer-Kapelle befindet sich einer der wenigen, fast vollständig erhaltenen und noch an seinem ursprünglichen Ort stehenden Schnitzaltäre der Spätgotik. Mit seinem knapp 6,5 Meter hohen filigranen Architekturaufbau reicht der Altar beinahe bis zur vollen Höhe der Chorkapelle. Gefertigt hat ihn 1521/24 der Künstler Sixt von Staufen aus der Nähe von Freiburg. Außerdem sind zu nennen der Dreikönigsaltar mit der Schnitzgruppe des Straßburger Künstlers Hans Wydyz von 1505, der Annenaltar eines unbekannten Bildschnitzers um 1515, ein Renaissancealtar von 1615 sowie verschiedene kunstvolle neugotische Altäre des 19. Jahrhunderts aus der Werkstatt des Franz Xaver Marmons in Sigmaringen. Aus dem Mittelalter blieben auch viele Steinskulpturen erhalten: so die um 1310 entstandenen, fast lebensgroßen Apostelfiguren an den Mittelschiffpfeilern und die einzigartige Skulpturengruppe des Heiligen Grabes im südlichen Seitenschiff von circa 1330. Eine Besonderheit bildet die Turmvorhalle: Ihre Wände und das imposante Eingangsportal schmückt eine Überfülle von großen und kleinen Steinfiguren, die zwischen 1270 und 1290 verschiedene, uns nicht bekannte Bildhauer meißelten. Dicht gedrängt stehen sie zwischen Giebelarchitekturen unter Baldachinen und füllen die Bogenläufe und das große Bogenfeld des Portals. Dort sind die zentralen biblischen Ereignisse dargestellt, die Geburt und die Passion Christi sowie das Jüngste Gericht am Ende der Zeiten. Aber auch am Außengebäude finden sich viele Skulpturen: Hierzu zählen

die originellen Wasserspeier in Gestalt von Tieren, Monstern oder Menschen, die Apostel und Könige auf den Strebepfeilern und die figurenreichen Chorportale.

Das älteste Kunstwerk im Münster ist das romanische Böcklinkreuz, das direkt über dem modernen Zelebrationsaltar von 2006 des Bildhauers Franz Gutmann hängt. Die kostbare Silberarbeit aus der Zeit um 1200 zeigt außer der vergoldeten Figur Christi mehrere Reliefs, das Lamm Christi, die Evangelisten und die Himmelfahrt Christi. Es gehört zu den wenigen noch überlieferten Triumphkreuzen in Europa.

Das Freiburger Münster besitzt nicht zuletzt auch einen besonderen Ruf wegen seiner Kirchenmusik, die auf hohem Niveau gepflegt wird. So gibt es mehrere Ensembles, wie die Domsingknaben, die Mädchenkantorei, den Domchor und das Münsterorchester. Im Sommer finden hier regelmäßig Orgelkonzerte statt. Organisten aus aller Welt stellen ihr musikalisches Können an den vier Münsterorgeln unter Beweis: Die älteste ist die vom Ravensburger Meister Jörg Ebert 1545 erbaute, allerdings mehrmals umgestaltete Schwalbennestorgel an der

Mittelschiffwand. Am größten ist die Marienorgel im nördlichen Querhaus von 1965 mit ihren fast 5000 Pfeifen. Auf der Turmempore steht die 2008 erneuerte Michaelsorgel mit alten Schnitzereien und den großen Figuren von zwei Posaunenengeln. Die Chororgel auf der Empore der Südseite stammt von 1990. Direkt darunter befindet sich der Orgelspieltisch, von dem aus alle vier Orgeln einzeln oder zusammen gespielt werden können. Eine besondere Anziehung bilden auch die festlichen Gottesdienste mit dem Erzbischof, dessen Bischofsstuhl, die Kathedra, gleich hinter dem Zelebrationsaltar steht.

Das Münstergeläut im mittelalterlichen Glockenstuhl umfasst 18 Glocken. Die meisten wurden 1959 gegossen, doch gehört zu ihnen auch die 1258 datierte, 3290 kg schwere Hosanna. Noch heute läutet sie nach alten Stiftungen am Donnerstagabend zur Erinnerung an Jesu Angst am Ölberg, freitags um 11 Uhr zum Gedenken an seine Kreuzigung und samstags zum Gedächtnis an die Verstorbenen. Seit dem Zweiten Weltkrieg wird sie außerdem am 27. November zwischen 19.58 Uhr und 20.18 Uhr, während der Minuten des schweren Luftangriffes auf Freiburg 1944, geläutet.

Da das Freiburger Münster aus dem heimischem, verwitterungsanfälligem Buntsandstein erbaut ist, waren im Laufe der Jahrhunderte immer wieder Reparaturen an der filigranen Architektur und seinem Bauschmuck erforderlich. Viele Steine und Skulpturen wurden ergänzt oder auch durch Kopien ersetzt. Bis heute werden die Arbeiten, die sich jetzt vor allem um den steinkonservatorischen Erhalt der originalen Bausubstanz bemühen, von der Münsterbauhütte unter der Leitung des Freiburger Münsterbauvereins durchgeführt. Für die Bewahrung der kostbaren Innenausstattung ist das Erzbischöfliche Bauamt verantwortlich, das hierzu Restauratoren und Handwerksfirmen beauftragt.

Heike Mittmann

Turmzifferblatt und Schutzmantelmadonna
The Minster clock face and the Virgin of Mercy
Le cadran de la tour et la Vierge au manteau étoilé

Münsterplatz Südseite
The southern side of the Münsterplatz square
Partie sud de la place de la cathédrale

Der 116 Meter hohe Münsterturm
The 116 metres high Minster Tower
La tour de la cathédrale, haute de 116 mètres

Nördliche Hahnenturmspitze
The northern Cockrel Tower spire
Pointe de la tour des Coqs septentrionale

Hauptturm und Hahnentürme
The Main tower and the Cockrel Towers
Tour principale et tours des Coqs

Die figurenreiche Westturmhalle mit den Gewölbemalereien von 1889
The richly ornamented Western Tower porch with the vault paintings from the year 1889
Le porche de la tour ouest, orné de nombreuses statues, figurines et peintures sur voûtes datant de 1889

Ausschnitt Tympanon-Relief und Bogenläufe
An excerpt of the tympanum relief and archivolts
Détail du relief du tympan et des encadrements

Spätromanisches Böcklinkreuz, um 1200
The late Romanesque Böcklin cross from around 1200
Croix de Böcklin, de style roman tardif, vers 1200

Blick durch das Mittelschiff zum Hochaltar
A view through the Central Nave to the High Altar
Vue sur le maître-autel à travers la nef centrale

Der Hochaltar von Hans Baldung Grien (1512-1516)
The High Altar built by Hans Baldung Grien (1512 1516)
Le maître-autel réalisé par Hans Baldung Grien (1512-1516)

Fastentuch aus dem Jahr 1612
The Lenten Veil from the year 1612
Voile de carême datant de 1612

Spätgotische Gewölbe im Chorumgang
Late Gothic vaults in the Choir Gallery
Voûtes de style gothique tardif dans le déambulatoire du chœur

Ausschnitt aus dem Oberried-Altar
An excerpt from the Oberried Altar
Détail de l'autel Oberried

Neugotische Chorschranke
The neo-Gothic rood screen
Barrière du chœur de style néogothique

Apostel Matthias
The apostle Mathew
L'apôtre Mathieu

Spätgotische Marienfigur und Marienorgel
Late Gothic statue of the Virgin Mary and the Marienorgel organ
Statue de Marie, de style gothique tardif, et orgue de Marie

Blick in das Langhaus zum Hauptportal
A view into the nave to the Main Portal
Vue sur la porte principale à travers la grande nef

Nordwestliche Fensterrose Müllerfenster, um 1320
North-western rose window, the Miller's Window from around 1320
Rosace vitrail des meuniers dans la partie nord-ouest, vers 1320

Bäckerfenster um 1320/30
The Baker's Window, around 1320/30
Vitrail des boulangers , vers 1320/30

Ausschnitt aus dem Konstanzer-Fenster, um 1430
Excerpt from the Constance Window from around the year 1430
Détail du vitrail de Constance, vers 1430

Der Drachentöter Erzengel Michael, um 1320
The dragon slayer archangel Michael, created around the year 1320
L'archange Michel, vainqueur du dragon, vers 1320

Ausschnitt aus dem Märtyrerfenster, um 1270/80
Excerpt from the Martyrs' Window, created around the years 1270 to 1280
Détail du vitrail des martyrs, vers 1270-80

Schmuckelemente des Renaissance-Lettners
Ornamental elements of the Renaissance-Lettner
Ornements du jubé de style Renaissance

„Schwalbennestorgel" an der Mittelschiffwand
The Swallow's Nest Organ at the central nave wall
L'orgue du nid d'hirondelle dans la nef centrale

Freiburger Münster

Since its completion almost 500 years ago, the Freiburg Minster has attracted both believers and aficionados of art in equal measure. The unique towering perforated Minster spire, erected around the year 1330, is visible over a considerable distance. It does not only represent a masterpiece of art of the Middle Ages, but above all, a technical masterpiece, the design of which has acted as an inspiration for many later church spires as exemplified by the Minster in Basel and Ulm, as well as the Regensburg Cathedral.
The construction as such does not originate from a single original masterplan. The church must rather be regarded as a gradual development stretched out over centuries involving a multitude of structural redesigns, changes, and extensions which were themselves influenced by the prevailing styles and tastes at the time. Around the year 1200, inspired by the Minster of Basle, the construction of the church was initially performed following a late Romanesque style. As of approximately the year 1240, the construction, now influenced by the Strasbourg Minster, was continued in Gothic forms.
The last constructional element to be completed was the late Gothic style chancel. It replaced a smaller Romanesque chancel and was inaugurated in the year 1553. The best overall impression of the various construction phases can be obtained looking from the south side: the late Romanesque transept with its triangular pediments and the two Cockerel Towers (Hahnentürme), referred to as such because of their weather vanes, the Gothic nave with its enormous tracery windows, the supporting structure of columns and arches, the numerous large figurative sculptures, the steep towering 116 metres high Main Tower in the westward section and the Chancel encrowned by 13 sharply protruding chapels. In terms of the architecture and ornamentation, it is exemplary for the late Gothic era.
The citizens of Freiburg built the house of worship as their parish church with great financial commitment. In the year 1827, Freiburg rose to become the seat of the Archbishop. The splendid architecture, the enormous dimensions, and the

lavish and generous deployment of art were amongst the decisive factors that Freiburg was chosen to become the seat of the bishop.
In particular famous are the magnificent medieval stained glass windows which were founded by craft guilds, wealthy families, the Habsburg imperial family, and the University of Freiburg. When the sun is out, they come to life displaying a magnificent shine and sparkle which gives the nave a very special atmosphere. The windows depict accounts taken from the bible and of saints and represent an impressive account of Christianity. The craft guilds have left their eternal mark on the windows with their characteristic emblems. The emblem of the guild of the bakers, for instance, depicts pretzels and bread, the guild of the shoemakers a boot, the blacksmiths´ emblem features the tools of the trade, and the tailors' coat of arms depicts a pair of scissors. A few windows were also commissioned by the miners of the Black Forest. As they did not dispose of an own emblem, they are depicted working underground in the galleries. These portrayals are among the earliest figurative accounts of the mining in Southern Germany as such.
Furthermore, the Minster houses a multitude of art-historically prominent altars. The most famous of these is the High Altar constructed between the years 1512 and 1516 ornamented with paintings/panels by the artist Hans Baldung Grien, a resident of Strasbourg. It is devoted to the Virgin Mary, the patron saint of the Minster. The central panel depicts her coronation in heaven performed by God and Jesus. In the festive season, the wings of the altar are turned in front of the central painting to reveal four paintings with Christmas scenarios, namely the Annunciation, the Visitation, the Nativity, and the flight of the Holy Family into Egypt. Proud of his accomplished work, the artist, who was both professionally and personally associated with Albrecht Dürer, left his mark in form of his signature and a self-portrait on the rear side of the panel. During the Lenten season, according to a medieval custom, a 12 metre high and 10 metres wide monumental veil is lowered directly in front of the High Altar, the central section of

which depicts a huge scenario from the crucifixion of Jesus surrounded by 26 small picture fields containing figurative accounts of the Passion, respectively Easter story.
It is the largest known Lenten veil throughout the German-speaking language area, dates back to 1612, and is the work of three artists resident in Freiburg. Another distinguished piece of art is the Oberried Altar in the University Chapel with its two paintings created by the painter Hans Holbein the Younger, resident of Basel, approximately around the years 1526/27. These depict the Nativity and the Adoration of the Magi. The Locherer Chapel harbours one of the few nearly completely intact late Gothic carved altars still residing at its original location. Featuring a height of almost 6.5 metres, the delicate architectural structure of the altar dominates over almost the full height of the Choir-Chapel. It is a creation of the artist Sixt von Staufen, resident in the vicinity of Freiburg, which dates back to the years 1521 to 24. Further significant pieces of art are the Altar of the Magi featuring the carved limewood group created by the Strasbourg artist Hans Wydyz in 1505, the Altar of St. Anne which dates back to around the year 1515, created by an unknown artist, a Renaissance altar out of the year 1615, as well as various elaborate neo-Gothic altars created in the 19th Century in the workshop of Franz Xaver Marmons in Sigmaringen.
Many stone sculptures out of the Middle Ages have also withstood the centuries, as for instance the almost life-size Apostle-sculptures at the central nave columns and the impressive sculpture group depicting the Holy Sepulchre in the southern section of the aisle which dates back to approximately the year 1330. The Tower Porch is one of the highlights of the Minster. The walls and the monumental entrance portal of the same are ornamented with an abundant number of stone sculpture of various sizes created between the years 1270 and 1290 by various sculptors the identities of whom were never revealed. Densely packed, they are placed between the pediment structures beneath baldachins filling the archivolts and the large tympanum of the portal. At this location, above the entrance, the

sculptors depicted the central biblical narrations, The Nativity and the Passion of the Christ as well as the Last Judgement at the end of all time.

Many medieval sculptures are also situated at the exterior of the Minster. Exemplary for these are the numerous elaborate gargoyles in the form of animals, ghoulish and mythical creatures, or strange people, and the richly ornamented entrances, the Creation Portal and the Lady Portal at the Chancel and the Lamb Portal on the southern side of the nave.

The oldest artwork housed by the Minster is the Romanesque Böcklin Cross mounted directly above the contemporary Celebration Altar created by the sculptor Franz Gutmann in the year 2006. The precious silver artwork dates back to approximately the year 1200 and, apart from the golden figure of Christ, also features several reliefs depicting the Lamb of God, and the Ascension. It belongs to the very few preserved triumphal crosses in Europe.

The Freiburg Minster is also renowned for its outstanding commitment and accomplishments within the church music sector. It is cultivated in Freiburg on a very high level and the Minster consequently disposes of several ensembles such as the Domsingknaben (cathedral boy's choir), the Mädchenkantorei (girl´s choir), the Domchor (Minster choir) as well as an own Minster Orchestra. Organ recitals are held regularly in the summer where organists from all over the world demonstrate their mastery on the four Minster organs. The oldest of these is the nave organ, the swallow's nest organ that towers over the central nave wall, which, though repeatedly remodelled in the course of time, was originally constructed in 1545 by the master craftsman Jörg Ebert from Ravensburg. The largest Minster organ is the Marienorgel (named after the Blessed Virgin Mary) in the northern section of the transept which features close to 5000 organ pipes and was installed in 1965. Located on the tower gallery is the Michaelsorgel (organ named after St. Michael) which was renovated in 2008. It is ornamented with old carvings and also features two large Tuba angels. The Choir Organ on the gallery of the south side was set up in the year 1990. Directly beneath the same is the organ console from which all four organs can be played both in conjunction and individually.

A special attraction is also represented by the festive divine services under participation of the Archbishop whose bishop's seat, the cathedra, is situated in the Choir directly behind the altar.
The Minster peal in the medieval bellcote comprises 18 bells. Although the majority of these were cast in 1959, the Minster bellcote also contains the 3290 kg heavy Hosanna, a bell that dates back to the year 1258. To this very day, according to the terms of donations made ages ago, the bell still rings every Thursday to commemorate the fear Jesus had to bear on the Mount of Olives, on Fridays at 11 o clock to commemorate his crucifixion, on Saturdays in remembrance of the deceased. Since the end of WW2, it also tolls on the 27th of November at the exact time and for the exact duration, between 7.58 and 8.18 in the evening, of the horrific air raid which brought so much destruction to Freiburg that day in 1944.
As the Freiburg Minster is built out of the locally available red sandstone which is not very resistant against weathering, the delicate architecture and the ornamental elements consistently required to be repaired throughout the centuries of the Minster's existence. Many stones and sculptures were added and some also replaced by copies in the course of time.
Just as around 500 years ago, the stonemasonry work, which nowadays is strongly focused on the preservation of the original basic fabric, is performed by the Münsterbauhütte, the Minster craftsmen lodge, under the supervision of the Münsterbauverein, an association committed to the conservation of the Minster.
The responsibility for the preservation of the precious artworks and artefacts in the interior of the Minster is assumed by the archiepiscopal department of planning and building inspection that respectively commissions the required restorers and craftsmen, which, as such, also represents a contribution to the preservation of traditional craftsmanship.

Heike Mittmann

Oktogonfenster und Turmpyramide
Octagon window and the tower pyramid
Fenêtres de l'octogone et pyramide de la tour

Die Achteckhalle mit ihren gewaltigen Fenstern
The octagonal porch with its enormous windows
Le hall octogonal avec ses énormes ouvertures

Lastenaufzugsrad im mittelalterlichen Langhausdachstuhl
Material lift wheel in the medieval roof truss of the nave
Roue monte-charge dans la charpente médiévale de la grande nef

Blick in den mittelalterlichen Glockenstuhl
A view into the medieval bellcote
Vue sur la charpente médiévale du carillon

Posaunenengel am Hauptturm
Tuba angels at the Main Tower
Ange jouant de la trompette sur la tour principale

Wasserspeier am nördlichen Langhaus
Gargoyles at the northern nave
Gargouilles sur la partie septentrionale de la grande nef

Strebebögen und Strebepfeiler am Chor im Südosten
Supporting archs and counterforts at the south-eastern section of the Choir
Arc-boutants et contreforts du chœur dans la partie sud-est

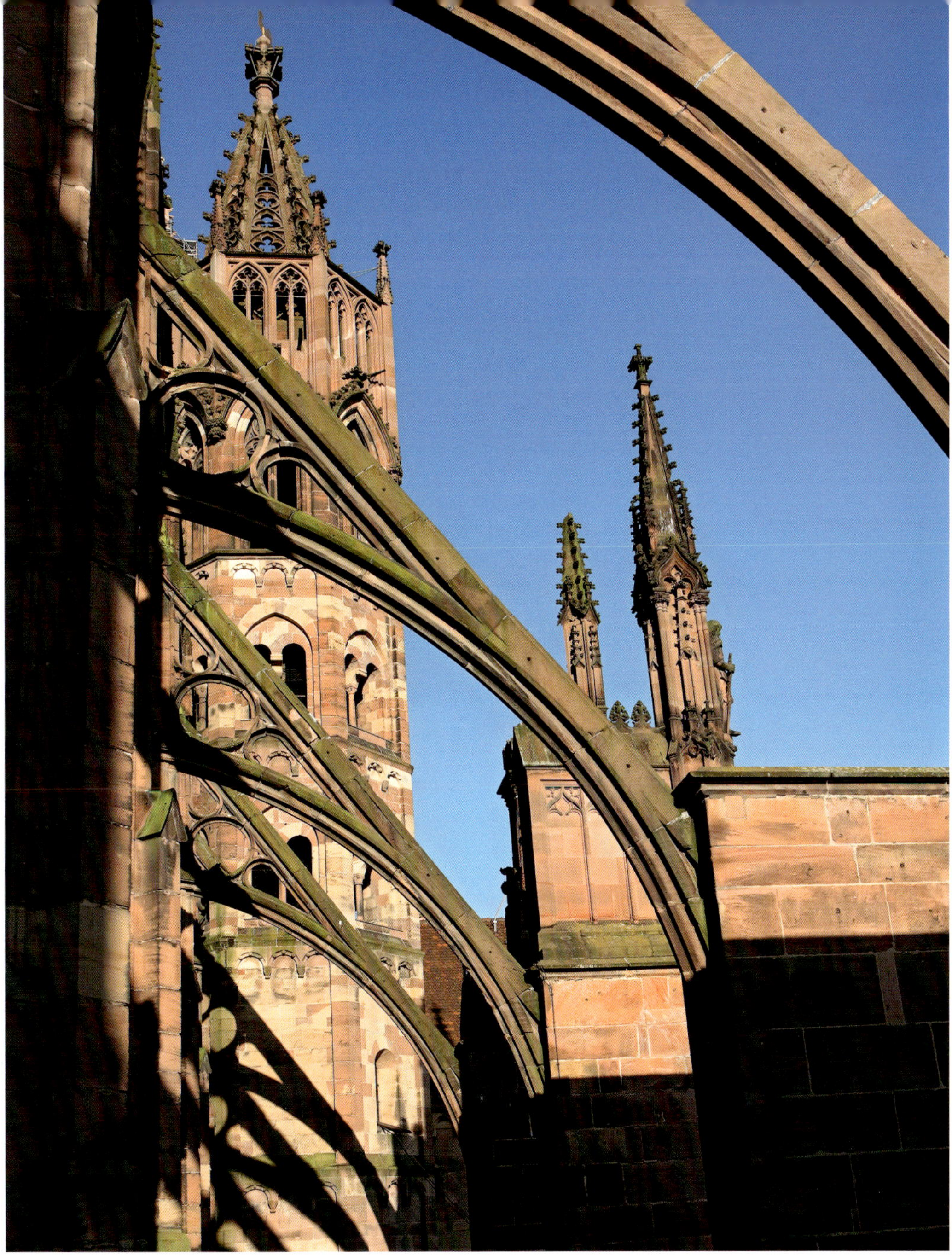

Strebewerk an der Chornordseite
Buttress at the northern side of the Choir
Arc-boutants dans la partie nord du chœur

Widderspeier am Langhaus
A ram gargoyle at the nave
Gargouille représentant un bélier sur la grande nef

Zanner an der Chornordseite, 1. Hälfte 16. Jahrhundert
The Zanner gargoyle at the Choir northern side from the first half of the 16th Century
Gargouille à longue dent dans la partie nord du chœur, 1ère moitié du 16ème siècle

Wasserspeier an der Langhausnordseite
Gargoyle at the northern side of the nave
Gargouilles dans la partie nord de la grande nef

Verwitterte Strebepfeileraufsätze am Chor
Weather-worn buttress upper sections
Chapeaux de contrefort situés au niveau du chœur, altérés par les intempéries

La cathédrale de Fribourg-en-Brisgau (Freiburger Münster)

Depuis son achèvement, il y a près de 500 ans, la cathédrale de Fribourg-en-Brisgau attire à la fois les fidèles et les amateurs d'art. De loin, on aperçoit la flèche à claire-voie que la tour reçut en 1330. Unique en son genre, elle est à la fois un chef-d'œuvre artistique et une prouesse technique du Moyen Âge ; elle servit de modèle lors de la construction de nombreux clochers érigés postérieurement, comme ceux des cathédrales de Bâle, de Ulm ou de Ratisbonne.

L'ouvrage, quant à lui, ne fut réalisé ni d'une seule traite ni selon un seul plan. Les travaux de construction ont duré des siècles : l'église a fait continuellement l'objet de transformations, modifications, agrandissements ; elle fut adaptée aux différents styles architecturaux ainsi qu'aux goûts de chaque époque. La construction fut commencée vers 1200 dans le style roman tardif, à l'instar de la cathédrale de Bâle. Cependant, à partir de 1240 environ, on poursuivit la construction dans le style gothique en s'inspirant de la cathédrale de Strasbourg. Le chœur, de style gothique tardif, fut le dernier grand élément de construction apporté à l'édifice. Il fut consacré en 1513 et remplaça un chœur aux dimensions plus restreintes, de style roman. La partie sud de l'édifice offre le meilleur aperçu des différentes étapes de construction : le transept de style roman tardif avec son pignon triangulaire et les deux « tours des Coqs », désignés ainsi du fait de leurs girouettes, la grande nef de style gothique avec ses énormes vitraux ogivaux façonnés, le système de soutien pourvu de contreforts et arc-boutants ainsi que les nombreuses statues sculptées, la tour principale située à l'ouest, haute de 116 mètres, ainsi que le chœur dont les parois en zigzag permettent de distinguer les 13 chapelles ogivales. Dans ces éléments, l'architecture ainsi que les ornements témoignent de l'étape la plus tardive du style gothique.

En assumant une lourde charge financière, les habitants de Fribourg bâtirent cette maison de Dieu pour qu'elle leur serve de principale église paroissiale. En 1827, Fribourg devint évêché et l'église sa cathédrale. A cette époque, la magnifique

Das Schöpfungsportal, um 1360
The Creation Portal, built around the year 1360
La porte de la Genèse, vers 1360

architecture de l'ouvrage, ses dimensions impressionnantes ainsi que son abondant mobilier artistique furent déterminants pour le choix du siège épiscopal.
Les vitraux médiévaux sont particulièrement célèbres. Il s'agit de donations faites par des corporations d'artisans, des familles aisées, la maison de Habsbourg et l'université de Fribourg. A la lumière du soleil, ils apparaissent scintillants, lumineux et confèrent à la nef une atmosphère particulière. Les vitraux représentent des scènes bibliques ainsi que des images de saints nous offrant une catéchèse du christianisme.
Les corps de métier se sont manifestement pérennisés sur les vitraux au moyen de leurs emblèmes caractéristiques : on reconnaît le bretzel et la miche de pain des boulangers sur leur blason, la botte du cordonnier, les outils de la forge, les ciseaux du tailleur etc. Les mineurs de la Forêt-Noire firent eux aussi confectionner des vitraux. N'ayant pas leur propre blason, ils se firent représenter en plein travail dans les galeries. Ces représentations figurent parmi les illustrations les plus anciennes témoignant de l'industrie minière dans le sud de l'Allemagne.
Outre ces œuvres d'art, la cathédrale renferme de nombreux autels remarquables. Le plus connu d'entre eux est le maître-autel, confectionné entre 1512 et 1516, qui comporte les tableaux réalisés par l'artiste strasbourgeois Hans Baldung Grien. Il est consacré à Marie, la protectrice de la cathédrale. Le panneau central représente le couronnement de la Vierge dans le ciel par Dieu le Père et Jésus. Pendant la période de l'Avent, les volets de l'autel sont refermés sur le panneau central et on découvre quatre tableaux représentant les scènes de Noël : l'Annonciation, la Visitation, la Nativité et la Fuite de la Sainte Famille en Egypte. L'artiste, qui était un ami et collaborateur de Albrecht Dürer, s'est pérennisé sur la partie arrière de cette œuvre en se dessinant lui-même et en y apportant une inscription.
Selon une coutume ancienne, en période de carême, on déploie devant le maître-autel une toile monumentale haute de 12 mètres et large de 10 mètres. Au centre de cette toile figure une énorme représentation de la Crucifixion, entourée de 26 petits panneaux comportant des peintures qui illustrent des scènes de la Pas-

sion et de la Pâque. Réalisée en 1612 par trois artistes peintres fribourgeois, cette toile constitue le plus grand voile de carême connu sur l'ensemble du territoire de langue allemande. Avec deux panneaux réalisés vers 1526/27 par le peintre bâlois Hans Holbein le Jeune, l'autel Oberried situé dans la chapelle de l'Université constitue une autre œuvre artistiquement importante. Les panneaux montrent la Nativité ainsi que l'Adoration des Mages. La chapelle Locherer abrite l'un des rares autels sculptés de style gothique tardif presque entièrement conservés. Sculpté entre 1521 et 1524 par le fribourgeois Sixt von Staufen, cet autel se trouve aujourd'hui encore sur son emplacement d'origine. Se caractérisant par une structure architecturale filigrane haute de 6,5 mètres environ, l'autel atteint presque la voûte de la chapelle du chœur. Il convient également de mentionner d'autres œuvres : l'autel des Rois dont le groupe de figurines fut sculpté en 1505 par l'artiste strasbourgeois Hans Wydyz, l'autel d'Anne réalisé vers 1515 par un sculpteur inconnu, un autel Renaissance de 1615 ainsi que différents autels artistiquement remarquables de style néogothique, réalisés au 19ème siècle dans l'atelier de Franz Xaver Marmons, à Sigmaringen.

De nombreuses sculptures de l'époque médiévale ont également été conservées : les énormes statues sur les piliers de la nef centrale représentant les apôtres, qui furent réalisées vers 1310, ainsi que l'impressionnant groupe de statues du Saint Sépulcre datant de 1330, situé dans le bas-côté sud. Le porche de la tour constitue une véritable

particularité. Un grand nombre de statues et de figurines en pierre ornent les murs de celui-ci ainsi que l'encadrement de l'imposante porte d'entrée. Elles furent sculptées entre 1270 et 1290 par différents artistes dont nous ignorons les noms. Placées sous des baldaquins de part et d'autre de la porte et sur le tympan, ces sculptures illustrent les principaux événements bibliques : au-dessus de l'entrée, la Nativité et la Passion du Christ, dans la partie supérieure du tympan, le Jugement dernier à la fin des temps.
La partie extérieure du bâtiment est aussi richement ornée de sculptures médiévales : les nombreuses gargouilles originales représentant des animaux, des monstres ou des êtres humains bizarres ainsi que les sculptures décorant les différentes entrées telles que la porte de la Genèse, la porte de Marie au niveau du chœur ainsi que la porte de l'agneau (Lammportal), située dans la partie sud de l'édifice et donnant accès à la grande nef.
L'œuvre d'art la plus ancienne de la cathédrale est la croix de Böcklin de style roman, accrochée directement au-dessus de l'autel moderne, destiné aux célébrations et réalisé en 2006 par le sculpteur Franz Gutmann. Confectionnée vers 1200, cette précieuse œuvre en argent montre, outre la représentation dorée du Christ, plusieurs reliefs, l'Agneau de Dieu, les évangélistes ainsi que l'Ascension. Elle compte parmi les rares croix de triomphe transmises en Europe.
De plus, la cathédrale de Fribourg est notamment renommée pour la musique sacrée qui y est pratiquée. Elle est cultivée à un niveau élevé par plusieurs ensembles tels que la chorale des jeunes garçons (Domsingknaben), le chœur des jeunes filles (Mädchenkantorei), la chorale de la cathédrale (Domchor) ainsi que l'orchestre (Münsterorchester). En été, des concerts d'orgue y ont lieu à intervalles réguliers. Sur les quatre orgues de la cathédrale, des organistes venus du monde entier montrent leur virtuosité musicale. L'orgue le plus ancien est l'orgue de la nef centrale, l'orgue du nid d'hirondelle (Schwalbennestorgel), construit en 1545 par le maître Jörg Ebert, originaire de Ravensburg. Cependant, cet orgue fut transformé à plusieurs reprises. L'orgue le plus important est l'orgue de Marie da-

tant de 1965, situé dans le transept nord. Il possède près de 5000 tuyaux. L'orgue du jubé de la tour, l'orgue de Michel (Michaelsorgel), qui fut restauré en 2008, est orné de sculptures anciennes et de deux grandes statues représentant des anges jouant de la trompette. L'orgue du chœur, situé sur le jubé dans la partie sud, fut réalisé en 1990. Le clavier, disposé au-dessous de cet orgue, permet de commander les quatre orgues soit individuellement soit tous ensemble. La cathédrale est également réputée pour la solennité des offices célébrés par l'archevêque dont la chaire se trouve dans le chœur derrière l'autel.
Le carillon de la cathédrale, accueilli par la forte charpente médiévale, comprend 18 cloches. La plupart d'entre elles furent coulées en 1959, à l'exception de la cloche « Hosanna », qui fut coulée en 1258 et pèse 3290 kg. De nos jours encore, elle retentit selon le calendrier de donations anciennes : tous les jeudis soirs en souvenir de la peur que vécut Jésus au mont des Oliviers, tous les vendredis à 11 heures en mémoire de la Crucifixion et tous les samedis en mémoire des défunts. Depuis la fin de la Seconde guerre mondiale, elle retentit également le 27 novembre entre 19h58 et 20h18 pour rappeler les moments de la destruction de Fribourg.
Construite en blocs de grès bigarré issu de la région et sujet à la décomposition, la cathédrale de Fribourg a continuellement dû faire l'objet de travaux de réparation au fil des siècles pour permettre la remise en état de son architecture filigrane et de ces décorations. De nombreuses pierres et sculptures furent complétées ou remplacées par des copies. Aujourd'hui encore, les travaux, actuellement destinés avant tout à la conservation des blocs de grès issus de la construction initiale, sont assurés par les techniciens de la Fondation pour la construction de la cathédrale (Münsterbauhütte) sous la direction de l'Association fribourgeoise pour la construction de la cathédrale (Münsterbauverein). La conservation du précieux mobilier d'intérieur relève de la compétence du service archiépiscopal des constructions qui confie les travaux à des entreprises de restauration ainsi qu'à des artisans.

Heike Mittmann

Chorkapellenkranz
The crown of chapels surrounding the Choir
Les chapelles du chœur en forme de zigzag

Priesterweihe im Münster durch Erzbischof Dr. Robert Zollitsch
An ordination to priesthood in the Minster performed by the Archbishop, Dr. Robert Zollitsch
Prêtres recevant le sacrement par l'archevêque Dr Robert Zollitsch

Festgottesdienst mit Konzelebranten
Festival Service with concelebrants
Concélébration d'un office solennel

Chöre der Freiburger Dommusik
Choirs of the Freiburg Cathedral Music Department
Chœurs de la cathédrale de Fribourg

Münster Nordseite
Northern side of the Minster
Partie nord de la cathédrale

Blick über das Langhaus zum Schlossberg
A view over the nave to the Schlossberg
Vue sur le Schlossberg par dessus la grande nef

Nordostecke
The north-eastern corner
Un recoin au nord-est

Marienkrönungsrelief über dem Hauptportal
Relief of the crowning of the Blessed Virgin Mary at the Main Portal
Relief du couronnement de la Vierge au-dessus de la porte principale

Muttergottesfigur
Sculpture of the Mother of God
Statue de Marie, Mère de Dieu

Winterliche Stimmung auf dem Münsterplatz
Winterly impression of the Münsterplatz
La place de la cathédrale en hiver

Impressum: Foto-Edition-Raach, Bürglestr. 34, 79294 Sölden
www.raach-foto.de
Fotografie: Karl-Heinz Raach
Text: Heike Mittmann
Gestaltung: Michael Bögle, Freiburg
Lektorat: Antje Burkhardt, Sölden
Übersetzung: Michael Wägeler, englisch
Raymond Guillon, französisch
Repro: Medienhaus Rete, Freiburg
Druck: Himmer AG, Augsburg
1. Auflage 2010 ·

ISBN 978-3-935048-15-6